Impressum
Verlag: BABADADA GmbH, Nedderfeld 112 , 22529 Hamburg
Geschäftsführer / Verlagsleitung: Harald Hof
Druck: Books on Demand GmbH, In de Tarpen 42, 22848 Norderstedt

Imprint
Publisher: BABADADA GmbH, Nedderfeld 112 , 22529 Hamburg, Germany
Managing Director / Publishing direction: Harald Hof
Print: Books on Demand GmbH, In de Tarpen 42, 22848 Norderstedt, Germany

mokykla

escuela

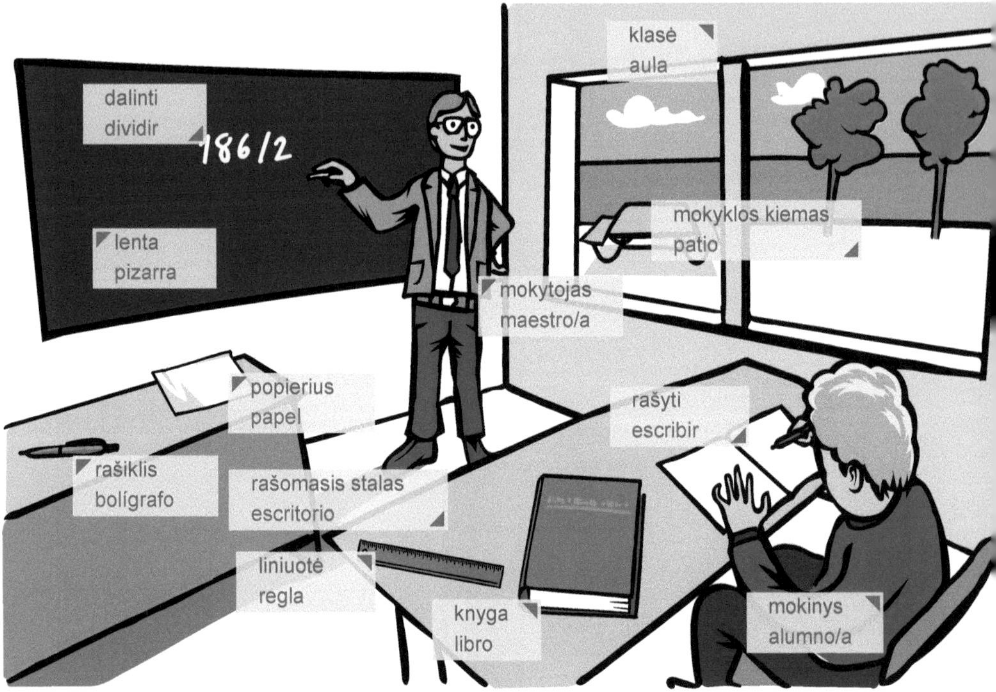

dalinti
dividir
186/2
lenta
pizarra
klasė
aula
mokyklos kiemas
patio
mokytojas
maestro/a
popierius
papel
rašyti
escribir
rašiklis
bolígrafo
rašomasis stalas
escritorio
liniuotė
regla
knyga
libro
mokinys
alumno/a

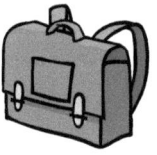

kuprinė
cartera

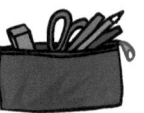

penalas
caja de lápices

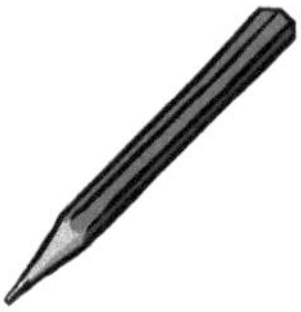

pieštukas
lápiz

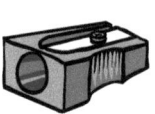

drožtukas
sacapuntas

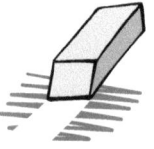

trintukas
goma de borrar

piešimo bloknotas
cuaderno de dibujo

piešinys
dibujo

teptukas
pincel

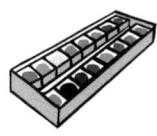

dažų dėžutė
caja de pinturas

žirklės
tijeras

klijai
pegamento

vadovėlis
cuaderno de ejercicios

namų darbai
deberes

numeris
número

pridėti
sumar

atimti
restar

dauginti
multiplicar

skaičiuoti
calcular

raidė
letra

abėcėlė
alfabeto

žodis
palabra

tekstas

texto

skaityti

leer

kreida

tiza

pamoka

lección

dienynas

cuaderno de notas

egzaminas

examen

pažymėjimas

certificado

mokyklinė uniforma

uniforme escolar

išsilavinimas

educación

enciklopedija

enciclopedia

universitetas

universidad

mikroskopas

microscopio

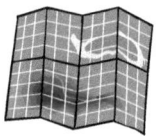

žemėlapis

mapa

šiukšliadėžė

papelera

kelionė

viaje

viešbutis
hotel
Grand
svečių namai
albergue
ROOMS
aliutos keitykla
ficina de cambio de divisas
CHANGE
lagaminas
maleta
mašina
coche

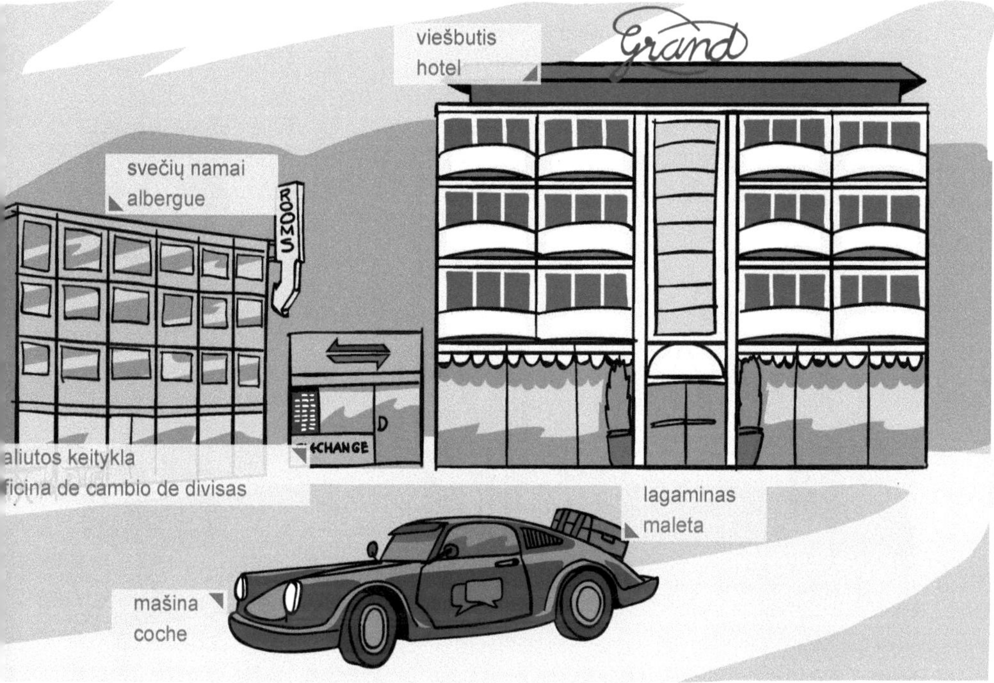

kalba

idioma

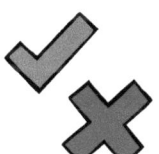

taip / ne

sí / no

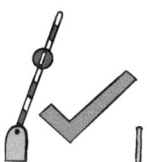

Gerai

Vale

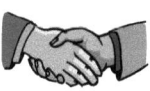

sveiki

hola

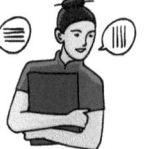

vertėjas raštu

traductor

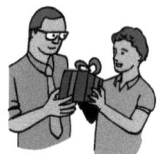

Ačiū

Gracias

kiek kainuoja…?

¿cuánto es…?

aš nesuprantu

No entiendo

problema

problema

Labas vakaras!

¡Buenas tardes!

Labas rytas!

¡Buenos días!

Labos nakties!

¡Buenas noches!

viso gero

adiós

kryptis

dirección

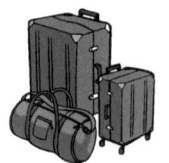

bagažas

equipaje

krepšys

bolsa

kuprinė

mochila

svečias

invitado

kambarys

habitación

miegmaišis

saco de dormir

palapinė

tienda de campaña

turizmo informacija

información turística

paplūdimys

playa

kreditinė kortelė

tarjeta de crédito

pusryčiai

desayuno

pietūs

almuerzo

vakarienė

cena

bilietas

billete

liftas

ascensor

pašto ženklas

sello

siena

frontera

muitinė

aduana

ambasada

embajada

viza

visa

pasas

pasaporte

transportas
transporte

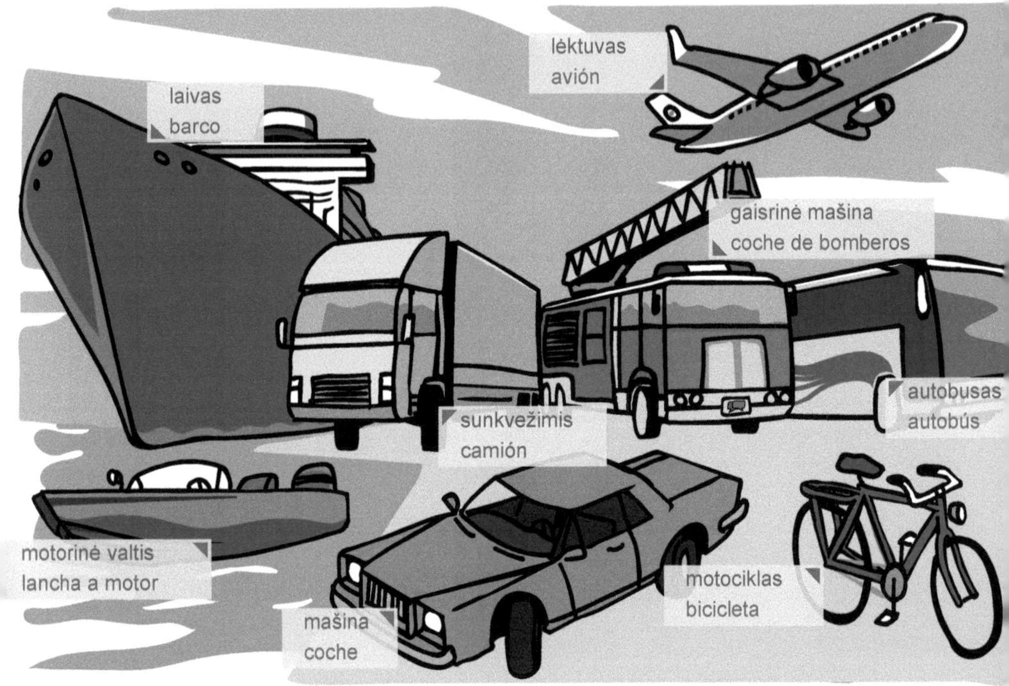
lėktuvas
avión
laivas
barco
gaisrinė mašina
coche de bomberos
autobusas
autobús
sunkvežimis
camión
motorinė valtis
lancha a motor
motociklas
bicicleta
mašina
coche

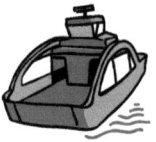

keltas

transbordador

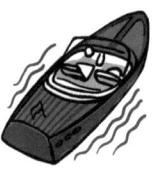

valtis

barca

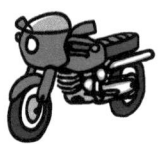

mopedas

moto

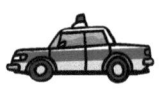

policijos automobilis

coche de policía

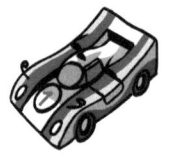

lenktyninis automobilis

coche de carreras

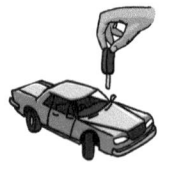

nuomojamas automobilis

coche de alquiler

bendras automobilio
naudojimas
·················
préstamo de vehículos

techninės pagalbos
automobilis
·················
grúa

šiukšliavežė
·················
camión de la basura

variklis
·················
motor

degalai
·················
gasolina

degalinė
·················
gasolinera

kelio ženklas
·················
señal de tráfico

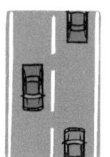

eismas
·················
tráfico

eismo spūstis
·················
atasco

ašinų stovėjimo aikštelė
·················
aparcamiento

traukinių stotis
·················
estación de tren

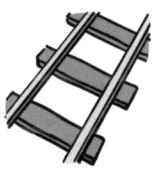

bėgiai
·················
vías

traukinys
·················
tren

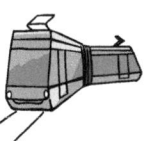

tramvajus
·················
tranvía

vagonas
·················
vagón

sraigtasparnis

helicóptero

oro uostas

aeropuerto

bokštas

torre

keleivis

pasajero

konteineris

contenedor

dėžė

caja de cartón

vežimėlis

carretilla

krepšys

cesta

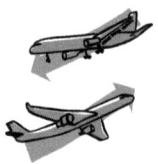

pakilti / nusileisti

despegar / aterrizar

miestas
ciudad

kaimas

pueblo

miesto centras

centro de ciudad

namas

casa

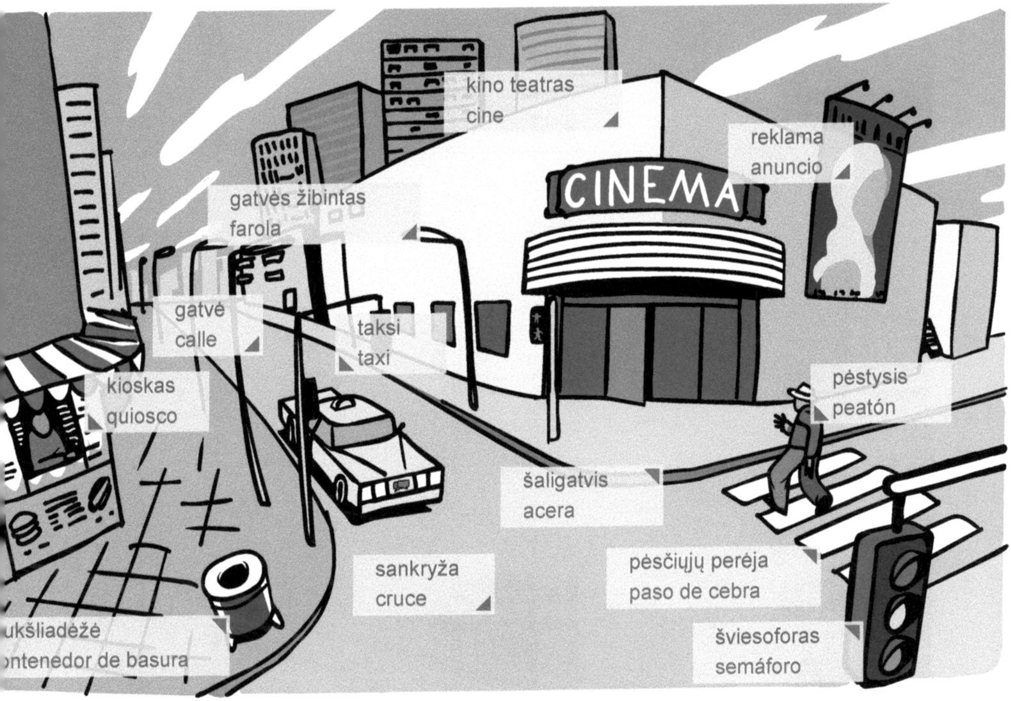

kino teatras
cine

reklama
anuncio

gatvės žibintas
farola

CINEMA

gatvė
calle

taksi
taxi

pėstysis
peatón

kioskas
quiosco

šaligatvis
acera

sankryža
cruce

pėsčiųjų perėja
paso de cebra

ukšliadėžė
ontenedor de basura

šviesoforas
semáforo

trobelė
cabaña

butas
apartamento

traukinių stotis
estación de tren

rotušė
ayuntamiento

muziejus
museo

mokykla
escuela

universitetas

universidad

bankas

banco

ligoninė

hospital

viešbutis

hotel

vaistinė

farmacia

biuras

oficina

knygynas

librería

parduotuvė

tienda

gėlių parduotuvė

floristería

prekybos centras

supermercado

turgus

mercado

universalinė parduotuvė

grandes almacenes

žuvies parduotuvė

pescadería

prekybos centras

centro comercial

uostas

puerto

parkas
parque

suoliukas
banco

tiltas
puente

laiptai
escaleras

metro
metro

tunelis
túnel

autobusų stotelė
parada de autobús

baras
bar

restoranas
restaurante

lauko pašto dėžutė
buzón

kelio ženklas
poste indicador

parkomatas
parquímetro

zoologijos sodas
zoo

baseinas
piscina

mečetė
mezquita

ūkininko ūkis

granja

tarša

contaminación

kapinės

cementerio

bažnyčia

iglesia

žaidimų aikštelė

patio de juego

šventykla

templo

kraštovaizdis

paisaje

lapas
hoja

kelio rodyklė
señal

kelias
camino

pieva
prado

akmuo
piedra

ėjikas
excursionista

medis
árbol

upė
río

žolė
hierba

gėlė
flor

slėnis

valle

kalva

colina

ežeras

lago

miškas

bosque

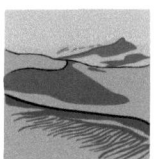

dykuma

desierto

ugnikalnis

volcán

pilis

castillo

vaivorykštė

arcoíris

grybas

champiñón

palmė

palmera

uodas

mosquito

musė

mosca

skruzdėlė

hormiga

bitė

abeja

voras

araña

kraštovaizdis - paisaje

vabalas

escarabajo

varlė

rana

voverė

ardilla

ežys

erizo

kiškis

liebre

pelėda

lechuza

paukštis

pájaro

gulbė

cisne

šernas

jabalí

elnias

ciervo

briedis

alce

užtvanka

presa

vėjo jėgainė

turbina eólica

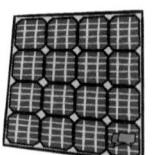

saulės baterija

panel solar

klimatas

clima

restoranas
restaurante

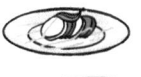

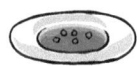

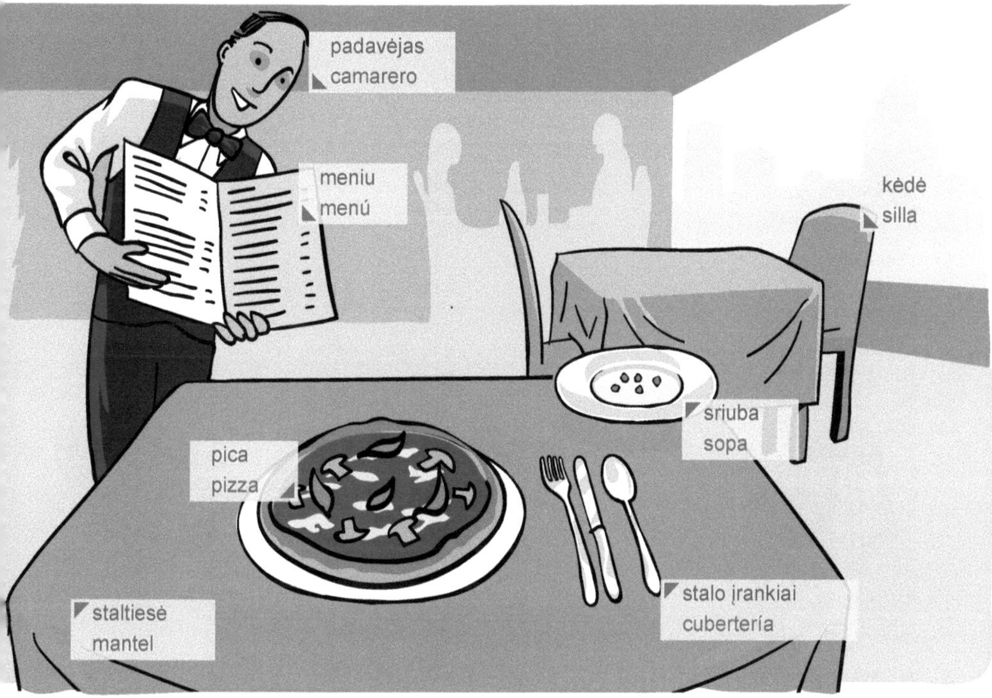
padavėjas
camarero
meniu
menú
kėdė
silla
sriuba
sopa
pica
pizza
staltiesė
mantel
stalo įrankiai
cubertería

užkandis

primer plato

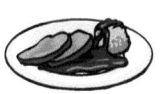

pagrindinis patiekalas

plato principal

desertas

postre

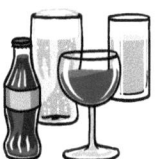

gėrimai

bebidas

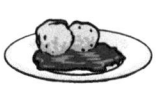

maistas

comida

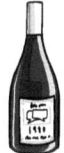

butelis

botella

greitai pateikiamas maistas

comida rápida

gatvės maistas

comida callejera

arbatinukas

tetera

cukrinė

azucarero

porcija

porción

espreso aparatas

cafetera expreso

aukšta kėdė

trona

sąskaita

cuenta

padėklas

bandeja

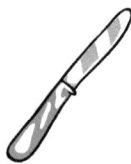

peilis

cuchillo

šakutė

tenedor

šaukštas

cuchara

arbatinis šaukštelis

cucharilla

servetėlė

servilleta

stiklinė

vaso

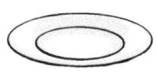

lėkštė
plato

sriubos lėkštė
plato hondo

padėklas
platillo

padažas
salsa

druskinė
salero

pipirų malūnėlis
molinillo de pimienta

actas
vinagre

aliejus
aceite

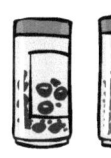

prieskoniai
especias

kečupas
ketchup

garstyčios
mostaza

majonezas
mayonesa

restoranas - restaurante

prekybos centras
supermercado

specialus pasiūlymas
oferta especial
pirkėjas
cliente
pieno produktai
lácteos
vaisiai
fruta
troleibusas
carro de la compra
FOR

BUTCHERS

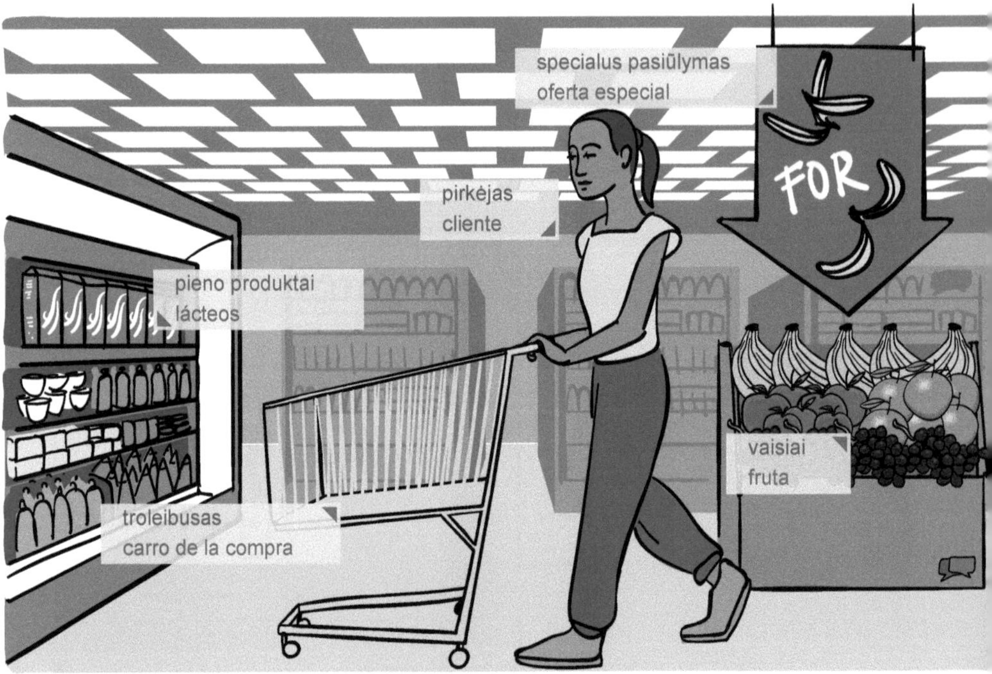

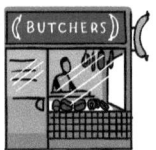

mėsos parduotuvė

carnicería

BAKERY

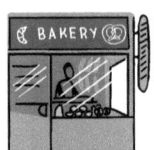

kepykla

panadería

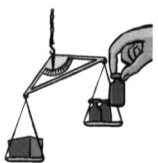

sverti

pesar

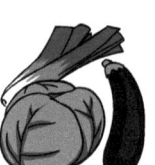

daržovės

verduras

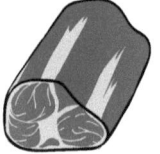

mėsa

carne

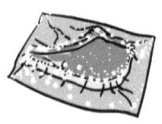

šaldytas maistas

alimentos congelados

šalti mėsos užkandžiai
fiambres

konservai
conservas

skalbimo milteliai
detergente en polvo

saldumynai
dulces

ūkinės prekės
productos de uso doméstico

valymo priemonės
productos de limpieza

pardavėja
vendedora

kasos aparatas
caja

kasininkas
cajero

pirkinių sąrašas
lista de la compra

darbo valandos
horario de atención al público

piniginė
cartera

kreditinė kortelė
tarjeta de crédito

maišelis
bolsa

plastikinis maišelis
bolsa de plástico

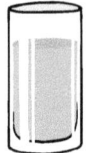

vanduo

agua

sultys

zumo

pienas

leche

kola

cola

vynas

vino

alus

cerveza

alkoholis

alcohol

kakava

cacao

arbata

té

kava

café

espresas

expreso

kapučinas

capuchino

bananas
plátano

obuolys
manzana

apelsinas
naranja

arbūzas
melón

citrina
limón

morka
zanahoria

česnakas
ajo

bambukas
bambú

svogūnas
cebolla

grybas
champiñón

riešutai
avellanas

makaronai
fideos

spagečiai

espagueti

ryžiai

arroz

salotos

ensalada

traškučiai

patatas fritas

keptos bulvės

patatas fritas

pica

pizza

mėsainis

hamburguesa

sumuštinis

sándwich

pjausnys

filete

kumpis

jamón

saliamis

salami

dešrelė

salchicha

vištiena

pollo

kepsnys

asado

žuvis

pescado

avižų dribsniai

copos de avena

dribsniai su priedais

muesli

kukurūzų dribsniai

copos de maíz

miltai

harina

prancūziškasis ragelis

cruasán

bandelė

panecillo

duona

pan

skrebutis

tostada

sausainiai

galletas

sviestas

mantequilla

varškė

cuajada

tortas

pastel

kiaušinis

huevo

kiaušinienė

huevo frito

sūris

queso

ledai

helado

cukrus

azúcar

medus

miel

uogienė

mermelada

tepamas šokoladas

crema de turrón

karis

curry

ūkininko ūkis
granja

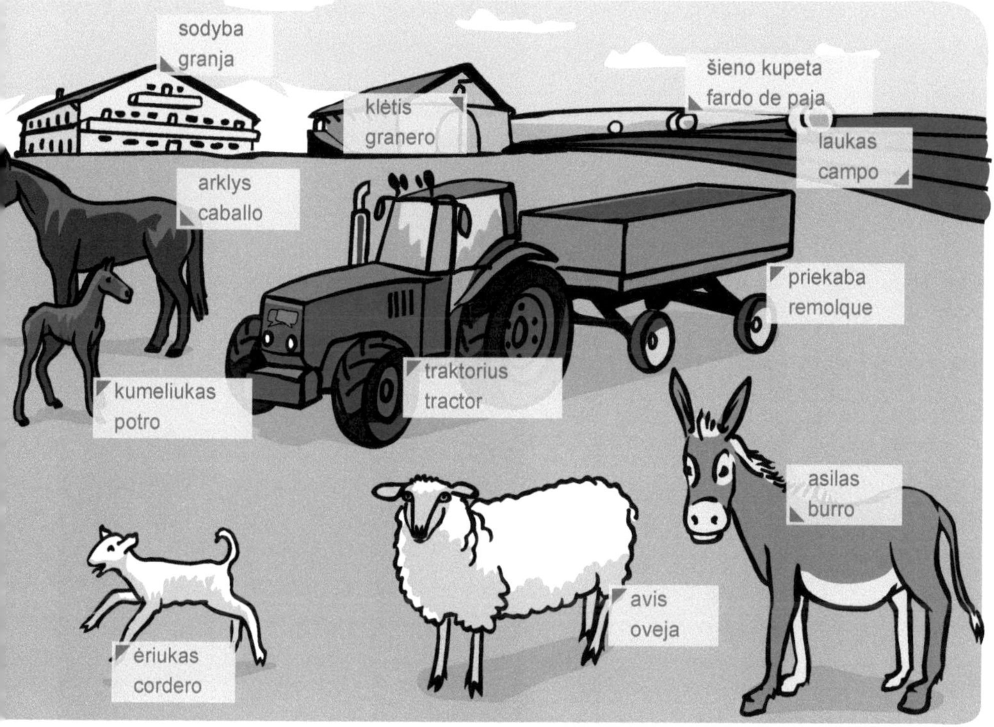
sodyba
granja
klėtis
granero
šieno kupeta
fardo de paja
laukas
campo
arklys
caballo
priekaba
remolque
traktorius
tractor
kumeliukas
potro
asilas
burro
avis
oveja
ėriukas
cordero

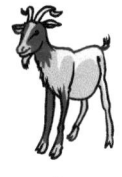

ožys
....
cabra

karvė
....
vaca

veršis
....
ternero

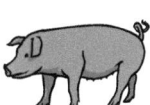

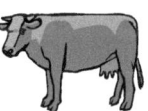

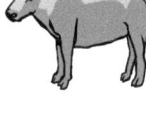

kiaulė
....
cerdo

paršelis
....
cerdito

bulius
....
toro

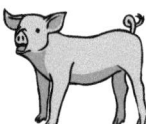

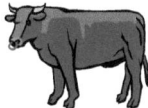

žąsis

ganso

antis

pato

viščiukas

pollo

višta

gallina

gaidys

gallo

žiurkė

rata

katė

gato

pelė

ratón

jautis

buey

šuo

perro

šuns būda

perrera

sodo namas

manguera

laistytuvas

regadera

dalgis

guadaña

plūgas

arado

pjautuvas
hoz

kauptukas
azada

šakės
horca

kirvis
hacha

statinė
carretilla

lovys
abrevadero

bidonas
lechera

maišas
saco

tvora
valla

arklidė
establo

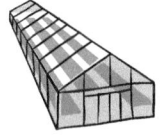

šiltnamis
invernadero

dirva
suelo

sėkla
semilla

trąšos
fertilizador

kombainas
cosechadora

rinkti

cosechar

derlius

cosecha

saldžiosios bulvės

ñame

kviečiai

trigo

soja

soja

bulvė

patata

kukurūzai

maíz

rapsai

semilla de colza

vaismedis

árbol frutal

manijokas

mandioca

grūdai

cereales

namas
casa

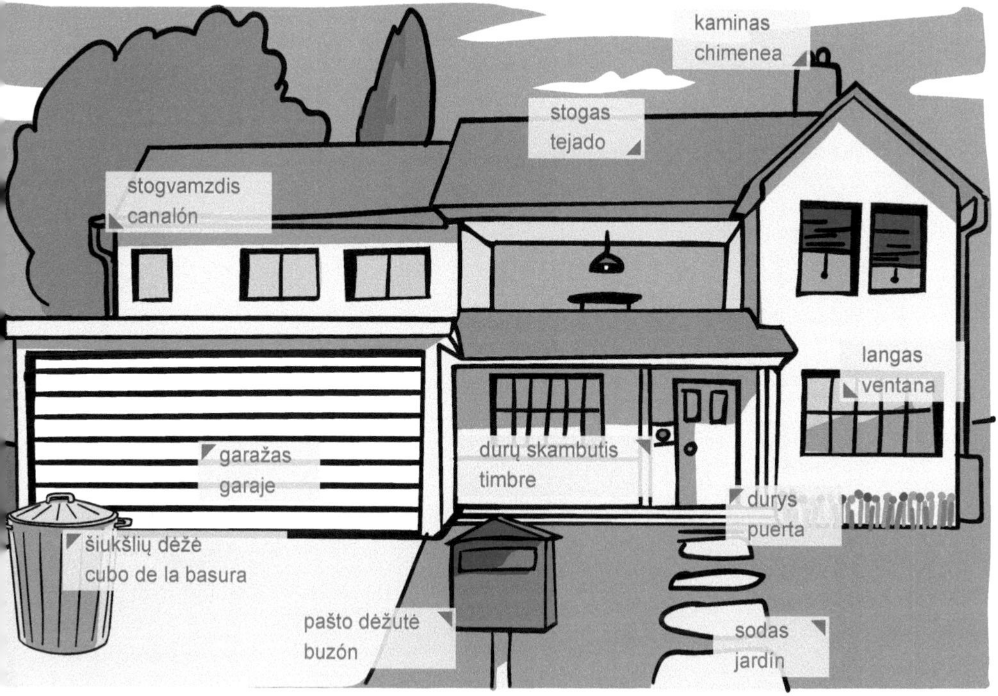
kaminas
chimenea
stogas
tejado
stogvamzdis
canalón
langas
ventana
garažas
garaje
durų skambutis
timbre
durys
puerta
šiukšlių dėžė
cubo de la basura
pašto dėžutė
buzón
sodas
jardín

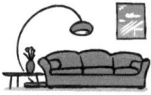

svetainė
sala

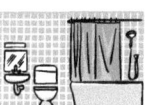

vonios kambarys
cuarto de baño

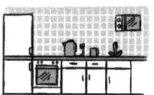

virtuvė
cocina

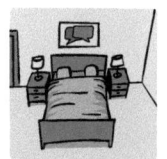

miegamasis
dormitorio

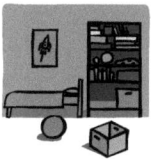

vaiko kambarys
habitación de los niños

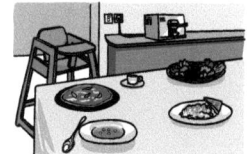

valgomasis
comedor

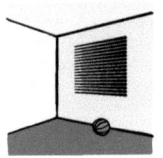

grindys

suelo

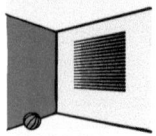

siena

pared

lubos

techo

rūsys

sótano

sauna

sauna

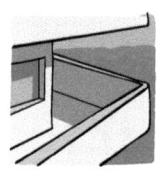

balkonas

balcón

terasa

terraza

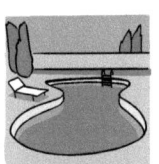

baseinas

piscina

žoliapjovė

cortacésped

paklodė

sábana

lovatiesė

colcha

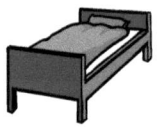

lova

cama

šluota

escoba

kibiras

balde

jungiklis

interruptor

namas - casa

svetainė

sala

tapetai
papel pintado
nuotrauka
imagen
šviestuvas
lámpara
lentyna
estante
spintelė
armario
televizorius
televisión
židinys
chimenea
gėlė
flor
pagalvėlė
cojín
sofa
sofá
vaza
jarrón
nuotolinio valdymo pultelis
mando a distancia

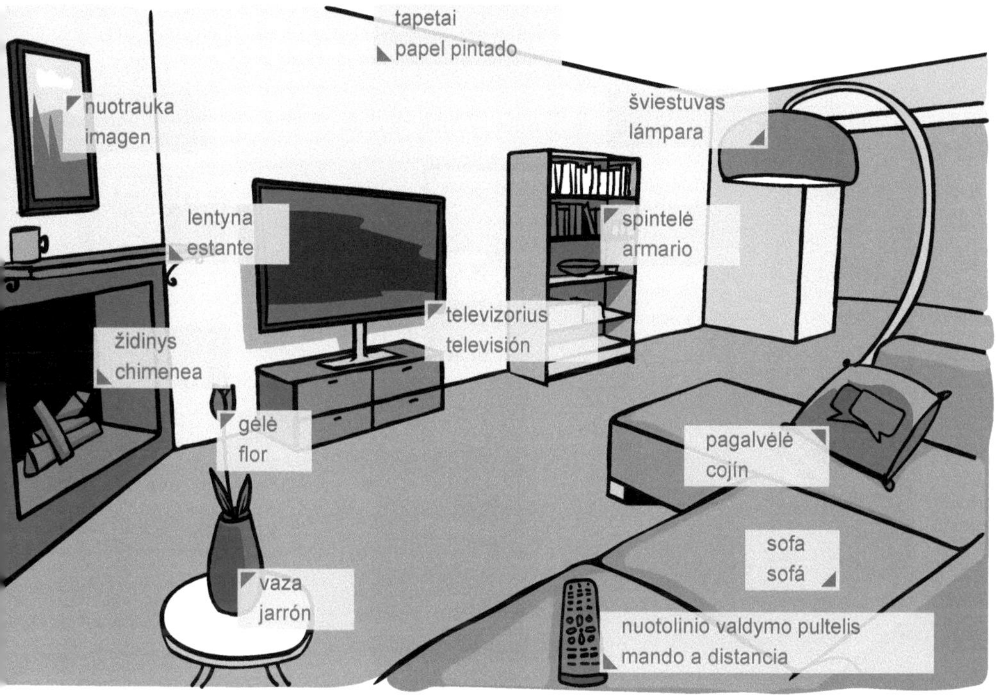

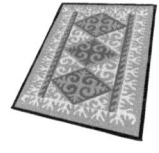

kilimas
alfombra

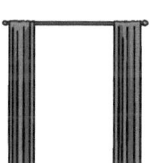

užuolaida
cortina

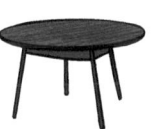

stalas
mesa

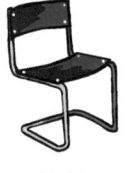

kėdė
silla

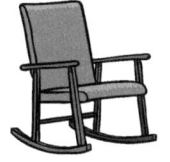

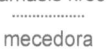

supamasis krėslas
mecedora

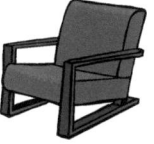

fotelis
butaca

knyga
libro

antklodė
manta

papuošimai
decoración

malkos
leña

filmas
película

stereo aparatūra
equipo de música

raktas
llave

laikraštis
periódico

paveikslas
pintura

plakatas
póster

radijas
radio

užrašų knygelė
cuaderno

dulkių siurblys
aspiradora

kaktusas
cactus

žvakė
vela

virtuvė
cocina

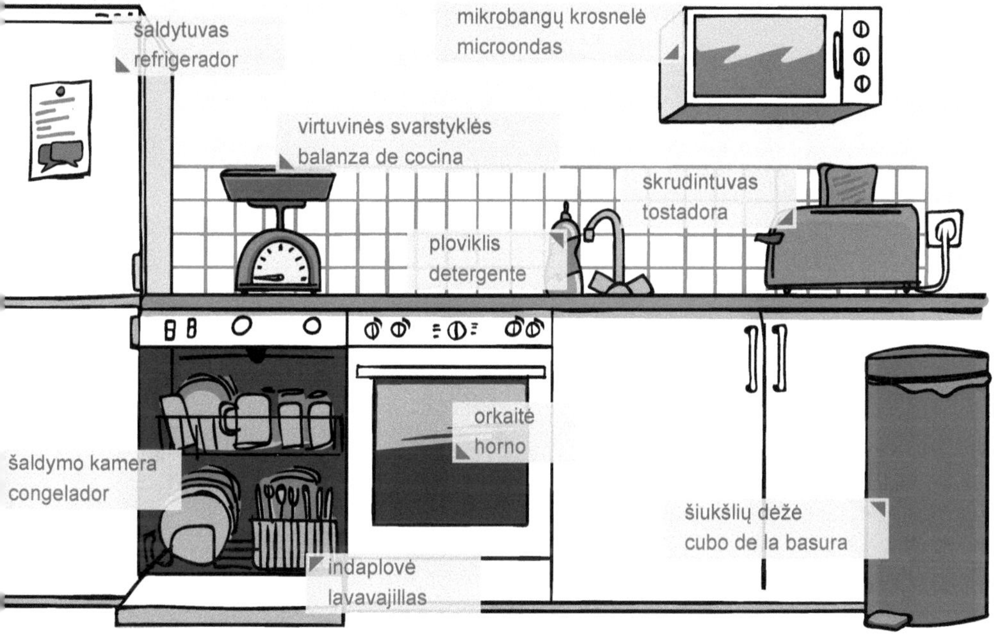
šaldytuvas
refrigerador
mikrobangų krosnelė
microondas
virtuvinės svarstyklės
balanza de cocina
skrudintuvas
tostadora
ploviklis
detergente
orkaitė
horno
šaldymo kamera
congelador
šiukšlių dėžė
cubo de la basura
indaplovė
lavavajillas

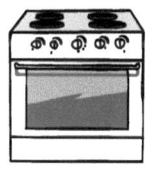

viryklė

olla a presión

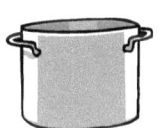

puodas

olla

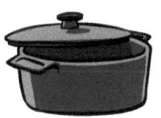

ketaus puodas

olla de hierro fundido

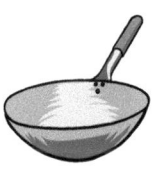

„wok“ keptuvė

wok / karahi

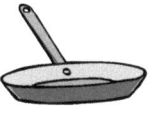

keptuvė

cazuela

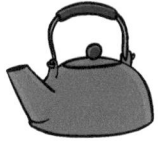

virdulys

hervidor

garų puodas

vaporera

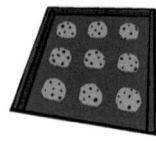

kepimo skarda

chapa de horno

porceliano indai

vajilla

puodelis

taza

dubuo

tazón

valgomosios lazdelės

palillos

samtis

cucharón

mentelė

espumadera

plaktuvas

batidor

koštuvas

colador

sietas

cedazo

trintuvė

rallador

grūstuvė

mortero

kepsninė

barbacoa

atvira liepsna

hoguera

pjaustymo lentelė

tabla de picar

kočėlas

rodillo

kamščiatraukis

sacacorchos

skardinė

lata

skardinių atidarytuvas

abrelatas

puodkėlė

agarrador

kriauklė

lavabo

šepetys

cepillo

kempinė

esponja

trintuvas

batidora

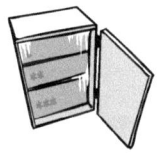

šaldiklis

congelador

kūdikių buteliukas

biberón

čiaupas

grifo

vonios kambarys
cuarto de baño

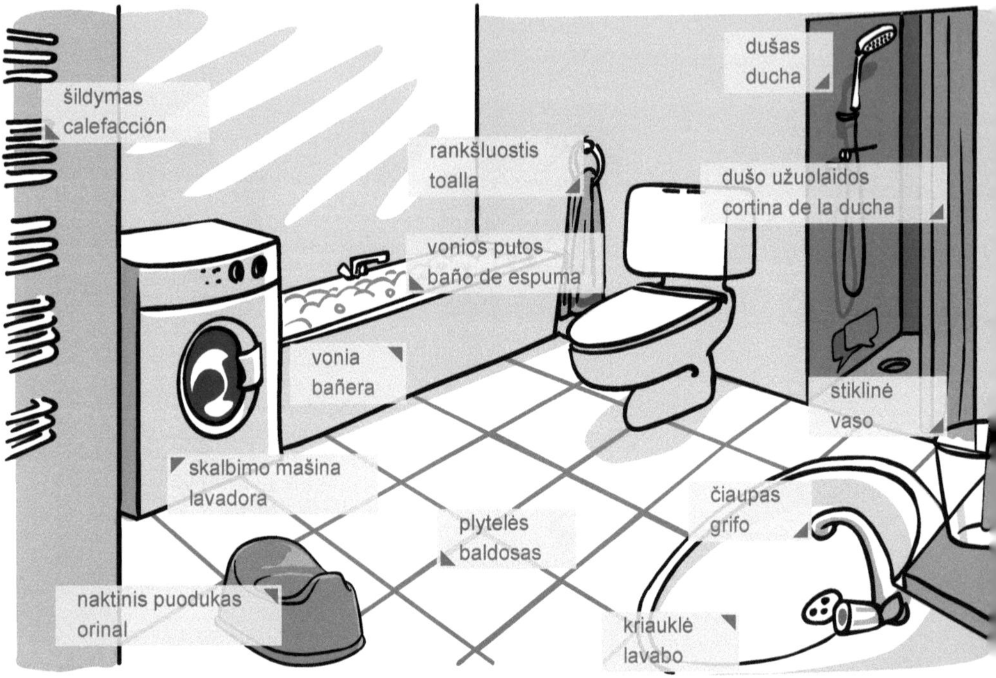

šildymas
calefacción
dušas
ducha
rankšluostis
toalla
dušo užuolaidos
cortina de la ducha
vonios putos
baño de espuma
vonia
bañera
stiklinė
vaso
skalbimo mašina
lavadora
čiaupas
grifo
plytelės
baldosas
naktinis puodukas
orinal
kriauklė
lavabo

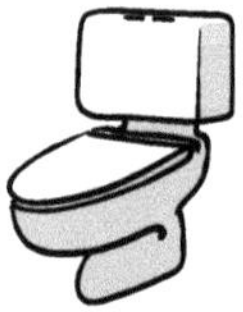

unitazas
....
inodoro

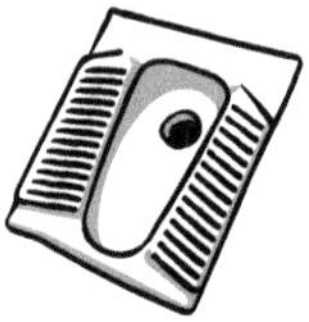

tupimasis unitazas
....
inodoro rústico

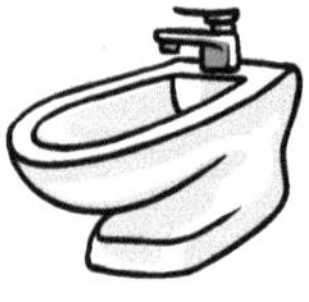

bidė
....
bidé

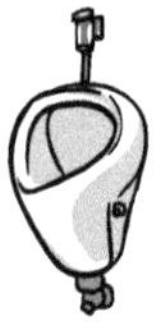

pisuaras
....
urinario

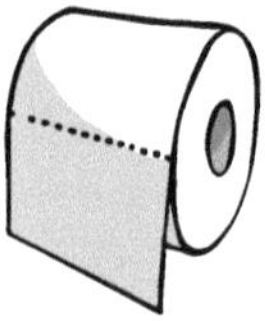

tualetinis popierius
....
papel higiénico

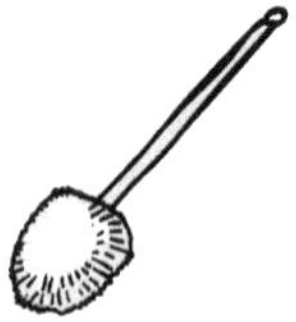

unitazo šepetys
....
escobilla del váter

dantų šepetėlis

cepillo de dientes

dantų pasta

pasta de dientes

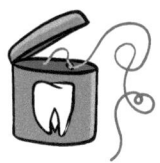

dantų siūlas

hilo dental

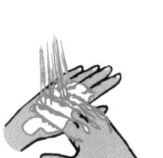

plauti

lavar

dušo galvutė

ducha de mano

higieninis dušas

ducha íntima

praustuvas

pila

nugaros plaušinė

cepillo de espalda

muilas

jabón

dušo želė

gel de ducha

šampūnas

champú

plaušinė

toallita

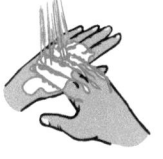

kanalizacija

desagüe

kremas

crema

dezodorantas

desodorante

veidrodis
espejo

veidrodėlis
espejo de tocador

skustuvas
maquinilla de afeitar

skutimosi putos
espuma de afeitar

losjonas po skutimosi
loción postafeitado

šukos
peine

šepetys
cepillo

plaukų džiovintuvas
secador

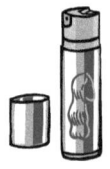

plaukų lakas
laca

makiažas
maquillaje

lūpdažis
pintalabios

nagų lakas
pintauñas

vata
algodón

žirklutės nagams
cortauñas

kvepalai
perfume

maišelis skalbiniams

estuche de viaje

taburetė

banqueta

svarstyklės

balanza

chalatas

albornoz

guminės pirštinės

guantes de goma

tamponas

tampón

higieninis įklotas

compresa

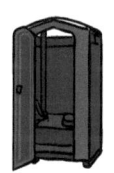

biotualetas

inodoro químico

vaiko kambarys

habitación de los niños

žadintuvas
despertador
pliušinis žaislas
peluche
žaislinė mašinėlė
coche de juguete
barškutis
sonajero
lėlės namelis
casa de muñecas
dovana
regalo

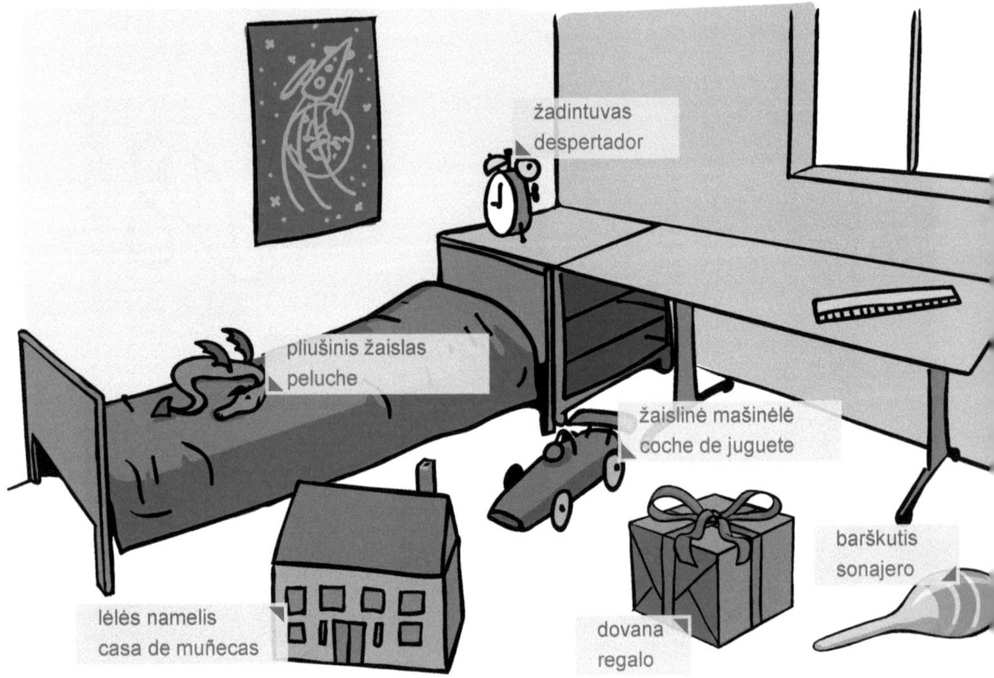

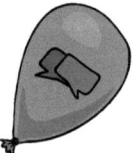

balionas

globo

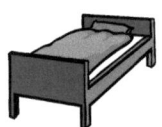

lova

cama

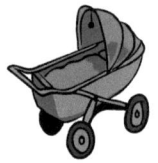

vaikiškas vežimėlis

coche de niño

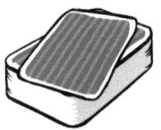

kortų malka

naipes

delionė

puzle

SUPER
MEGA

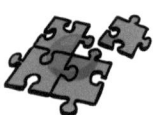

komiksai

tebeo

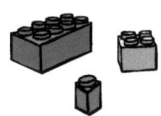

lego kaladėlės

piezas de lego

žaislinės kaladėlės

bloques de juguete

figūrėlė

figura de acción

šliaužtinukai

bodi (de bebé)

mėtymo lėkštė

frisbee

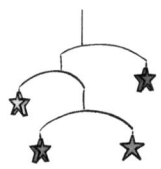

karuselė

colgador móvil para bebés

stalo žaidimas

juego de mesa

kauliukai

dados

žaislinis traukinys

circuito de tren eléctrico

žindukas

maniquí

vakarėlis

fiesta

paveiksliukų knygelė

álbum de fotos

kamuolys

pelota

lėlė

muñeca

žaisti

jugar

smėlio dėžė

cajón de arena

sūpynės

columpio

žaislai

juguetes

žaidimų konsolė

videoconsola

triratukas

triciclo

meškiukas

oso de peluche

drabužių spinta

guardarropa

drabužis

ropa

kojinės

calcetines

kojinės virš kelių

medias

pėdkelnės

leotardos

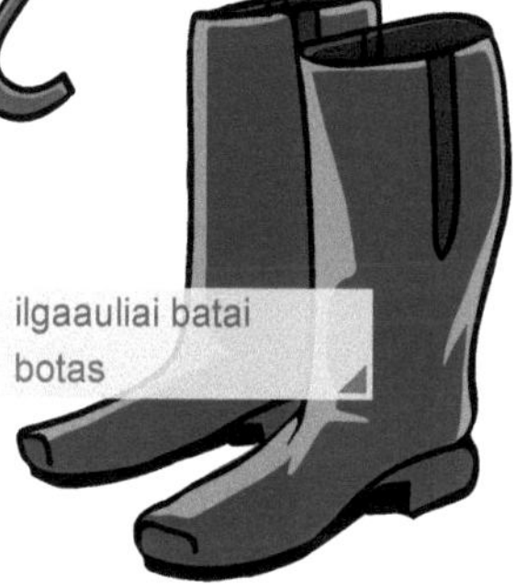

šalikas
bufanda

diržas
cinturón

skėtis
paraguas

marškinėliai
camiseta

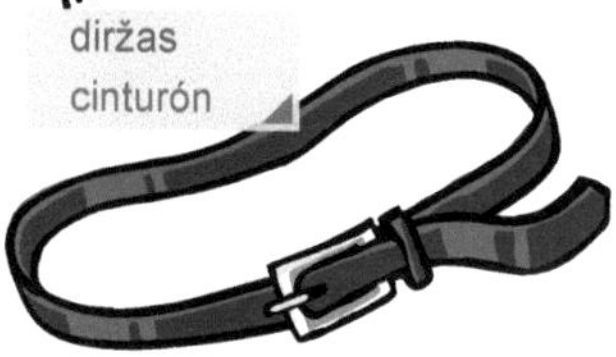

ilgaauliai batai
botas

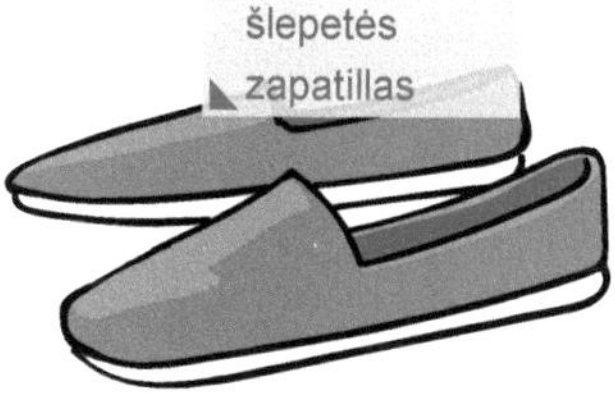

sportbačiai
deportivas

šlepetės
zapatillas

sandalai
....
sandalias

batai
....
zapatos

guminiai batai
....
botas de goma

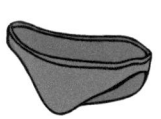

trumpikės
....
slip

liemenėlė
....
sostén

liemenė
....
chaleco

glaustinukė
bodi

kelnės
pantalones

džinsai
vaqueros

sijonas
falda

palaidinė
blusa

marškiniai
camisa

megztinis
jersey

megztinis su gobtuvu
suéter

švarkelis
blazer

švarkas
chaqueta

paltas
abrigo

lietpaltis
gabardina

kostiumas
traje

suknelė
vestido

vestuvinė suknelė
vestido de novia

kostiumas

traje

naktiniai marškiniai

camisón

pižama

pijama

saris

sarí

skarelė

bandana

tiurbanas

turbante

burka

burka

kaftanas

caftán

abaja

abaya

maudymosi kostiumėlis

traje de baño

glaudės

bañador

šortai

pantalones cortos

sportinis kostiumas

chándal

prijuostė

delantal

pirštinės

guantes

saga
botón

akiniai
gafas

apyrankė
brazalete

vėrinys
collar

žiedas
anillo

auskaras
pendiente

kepurė
gorra

pakabas
percha

skrybėlė
sombrero

kaklaraištis
corbata

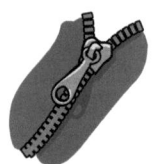

užtrauktukas
cremallera

šalmas
casco

breketai
tirantes

mokyklinė uniforma
uniforme escolar

uniforma
uniforme

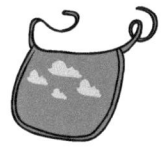

seilinukas

babero

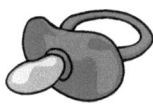

žindukas

maniquí

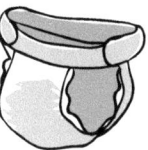

vystyklai

pañal

biuras
oficina

serveris
servidor
dokumentų spinta
archivo
spausdintuvas
impresora
popierius
papel
vaizduoklis
monitor
rašomasis stalas
escritorio
pelė
ratón
aplankas
carpeta
klaviatūra
teclado
šiukšliadėžė
papelera
kompiuteris
ordenador
kėdė
silla

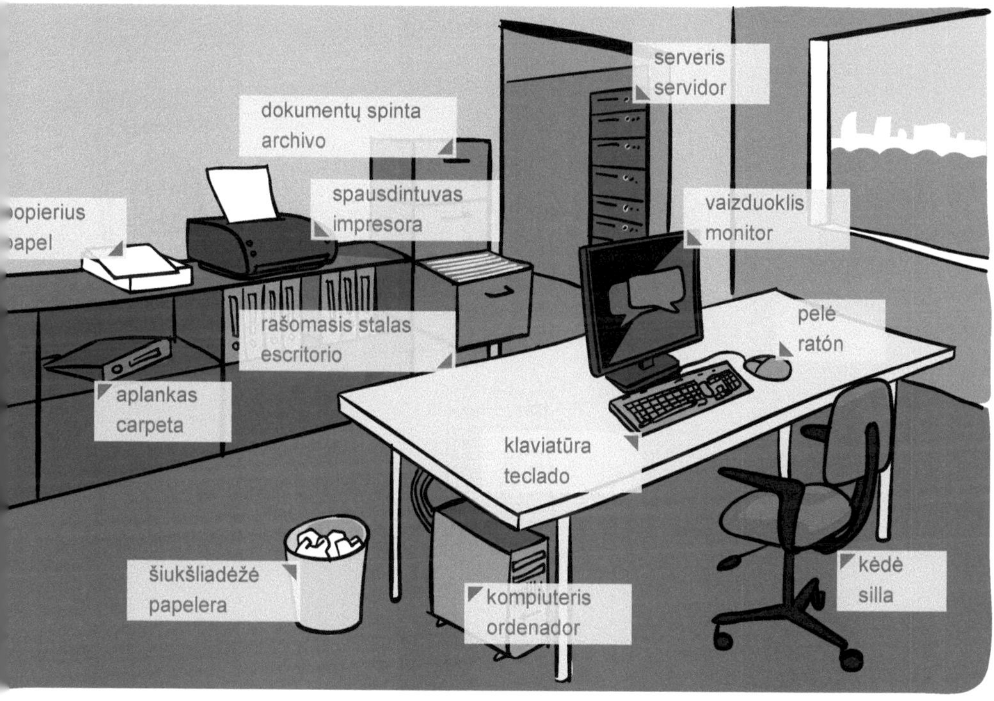

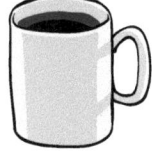

kavos puodelis

taza de café

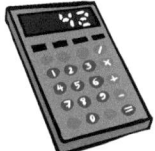

kalkuliatorius

calculadora

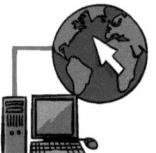

internetas

internet

nešiojamasis kompiuteris

portátil

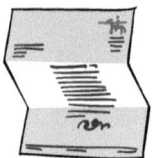

laiškas

carta

žinutė

mensaje

mobilusis telefonas

móvil

tinklas

red

fotokopijavimo aparatas

fotocopiadora

programinė įranga

software

telefonas

teléfono

kištukinis lizdas

toma de corriente

faksas

fax

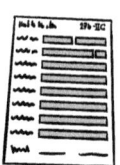

forma

formulario

dokumentas

documento

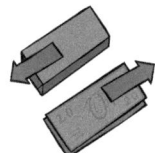

pirkti

comprar

mokėti

pagar

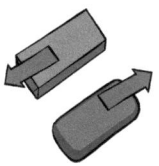

prekiauti

comerciar

pinigai

dinero

USD

doleris

dólar

EUR

euras

euro

JPY

jena

yen

RUB

rublis

rublo

CHF

Šveicarijos frankas

franco suizo

CNY

juanis

renminbi yuan

INR

rupija

rupia

bankomatas

cajero automático

valiutos keitykla

oficina de cambio de divisas

auksas

oro

sidabras

plata

nafta

petróleo

energija

energía

kaina

precio

sutartis

contrato

mokestis

impuesto

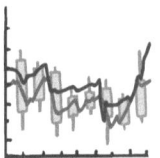

akcijos

acción

dirbti

trabajar

darbuotojas

empleado

darbdavys

empleador

gamykla

fábrica

parduotuvė

tienda

policininkas
agente de policía

ugniagesys
bombero

virėjas
cocinero

gydytojas
médico

lakūnas
piloto

sodininkas

jardinero

stalius

carpintero

siuvėja

costurera

teisėjas

juez

chemikas

farmacéutico

aktorius

actor

autobuso vairuotojas

conductor de autobús

taksi vairuotojas

taxista

žvejys

pescador

valytoja

señora de la limpieza

stogdengys

techador

padavėjas

camarero

medžiotojas

cazador

dailininkas

pintor

kepėjas

panadero

elektrikas

electricista

statybininkas

obrero

inžinierius

ingeniero

mėsininkas

carnicero

santechnikas

fontanero

paštininkas

cartero

kareivis

soldado

architektas

arquitecto

kasininkas

cajero

gėlininkas

florista

kirpėjas

peluquero

konduktorius

revisor

mechanikas

mecánico

kapitonas

capitán

odontologas

dentista

mokslininkas

científico

rabinas

rabino

imamas

imán

vienuolis

monje

kunigas

sacerdote

įrankiai
herramientas

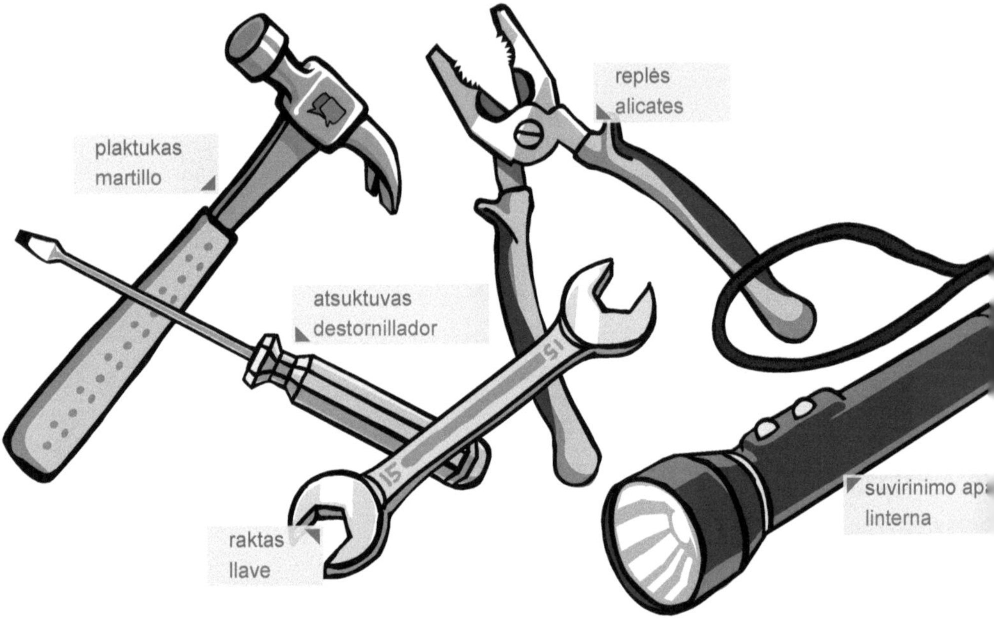
plaktukas
martillo
replės
alicates
atsuktuvas
destornillador
raktas
llave
suvirinimo ap
linterna

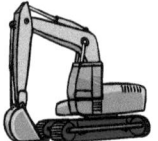

ekskavatorius

excavadora

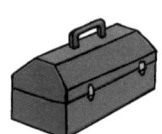

įrankių dėžė

caja de herramientas

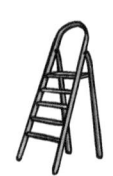

kopėčios

escalera de mano

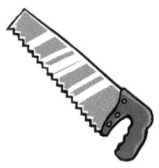

pjūklas

sierra

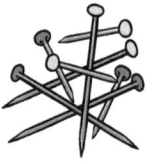

vinys

clavos

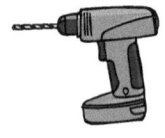

grąžtas

taladro

taisyti
reparar

kastuvas
pala

Velniava!
¡Maldita sea!

semtuvėlis
recogedor

dažų skardinė
bote de pintura

varžtai
tornillos

muzikos instrumentai

instrumentos musicales

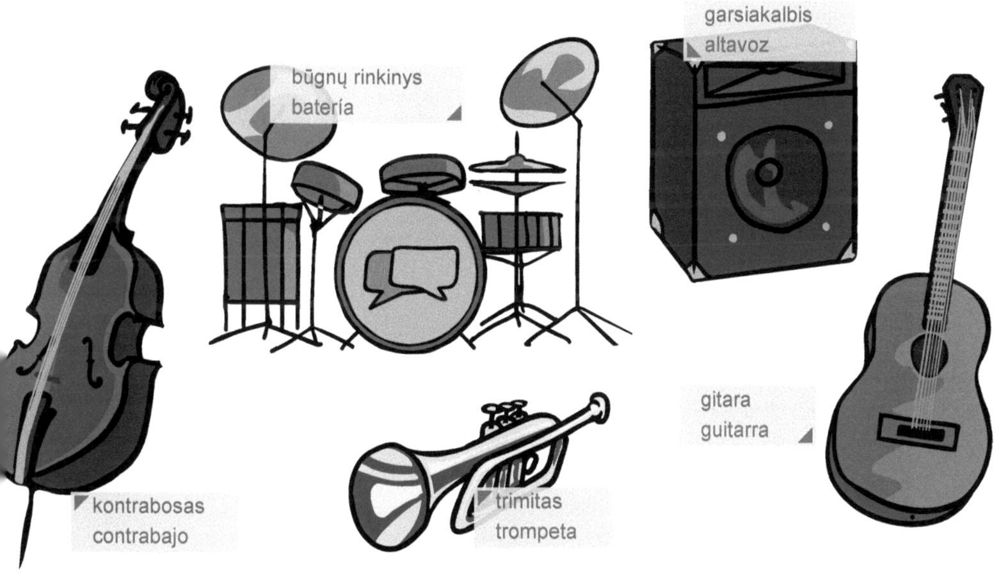

garsiakalbis
altavoz

būgnų rinkinys
batería

kontrabosas
contrabajo

trimitas
trompeta

gitara
guitarra

pianinas

piano

smuikas

violín

bosinė gitara

bajo

timpanas

timbales

būgnai

tambor

sintezatorius

teclado

saksofonas

saxofón

fleita

flauta

mikrofonas

micrófono

tigras
tigre

īėjimas
entrada

narvas
jaula

zebras
cebra

gyvūnų pašaras
pienso

panda
panda

gyvūnai
animales

dramblys
elefante

kengūra
canguro

raganosis
rinoceronte

gorila
gorila

meška
oso

kupranugaris

camello

strutis

avestruz

liūtas

león

beždžionė

mono

flamingas

flamingo

papūga

loro

baltoji meška

oso polar

pingvinas

pingüino

ryklys

tiburón

povas

pavo real

gyvatė

serpiente

krokodilas

cocodrilo

zoologijos sodo prižiūrėtojas

guardián de zoológico

ruonis

foca

jaguaras

jaguar

ponis
poni

leopardas
leopardo

begemotas
hipopótamo

žirafa
jirafa

erelis
águila

šernas
jabalí

žuvis
pescado

vėžlys
tortuga

vėplys
morsa

lapė
zorro

gazelė
gacela

amerikietiškas futbolas
fútbol americano

dviračių sportas
ciclismo

tenisas
tenis

krepšinis
baloncesto

plaukimas
natación

ledo ritulys
hockey sobre hielo

boksas
boxeo

futbolas
fútbol

badmintonas
bádminton

atletika
atletismo

rankinis
balonmano

slidinėjimas
esquí

polas
polo

užsiėmimai
actividades

juoktis
reír
šokinėti
saltar
apkabinti
abrazar
vaikščioti
caminar
dainuoti
cantar
svajoti
soñar
melstis
rezar
bučiuoti
besar

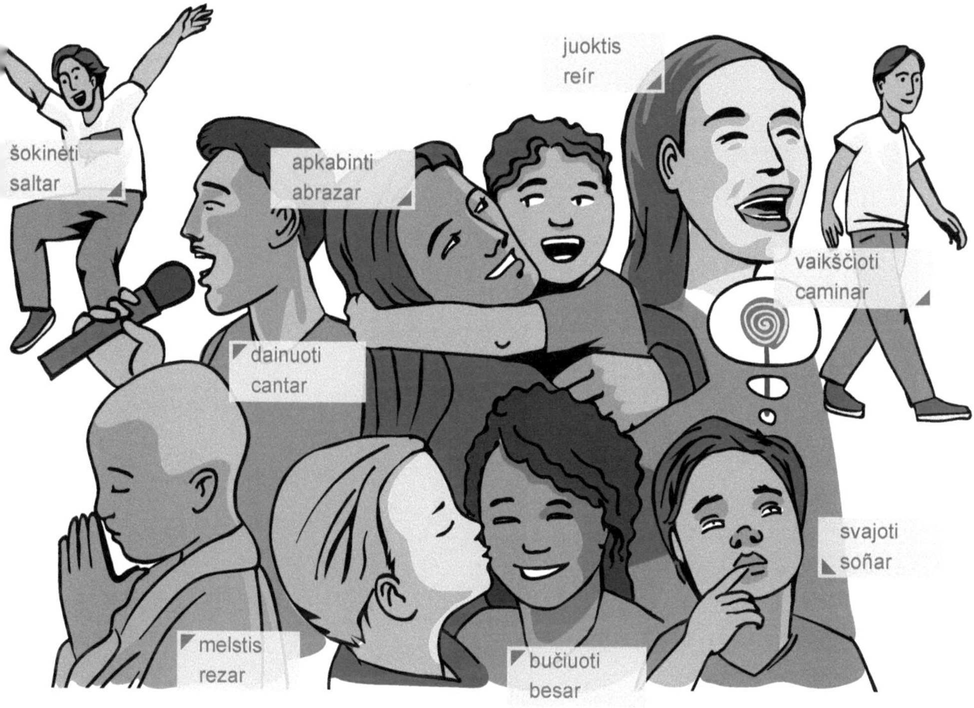

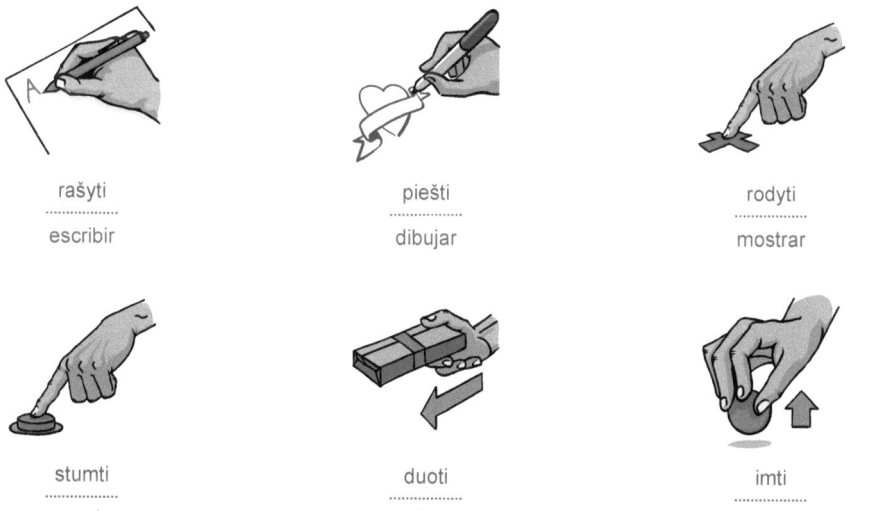

rašyti
escribir

piešti
dibujar

rodyti
mostrar

stumti
empujar

duoti
dar

imti
tomar

turėti
tener

daryti
hacer

būti
ser

stovėti
estar de pie

bėgti
correr

traukti
tirar

mesti
tirar

kristi
caer

meluoti
yacer

laukti
esperar

nešti
llevar

sėdėti
estar sentado

rengtis
vestirse

miegoti
dormir

pabusti
despertar

žiūrėti
mirar

verkti
llorar

glostyti
acariciar

šukuoti
peinar

kalbėti
hablar

suprasti
entender

paklausti
preguntar

klausytis
escuchar

gerti
beber

valgyti
comer

tvarkytis
ordenar

mylėti
amar

gaminti
cocinar

vairuoti
conducir

skristi
volar

buriuoti

navegar

skaičiuoti

calcular

skaityti

leer

mokytis

aprender

dirbti

trabajar

vesti

casarse

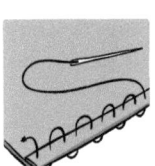

siūti

coser

valytis dantis

cepillarse los dientes

žudyti

matar

rūkyti

fumar

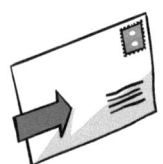

siųsti

enviar

senelė
abuela

senelis
abuelo

tėvas
padre

motina
madre

kūdikis
bebé

dukra
hija

sūnus
hijo

svečias

invitado

teta

tía

dėdė

tío

brolis

hermano

sesuo

hermana

kūnas

cuerpo

kakta
frente
akis
ojo
petys
hombro
pirštas
dedo
veidas
cara
smakras
barbilla
plaštaka
mano
koja
pierna
krūtinė
pecho
ranka
brazo

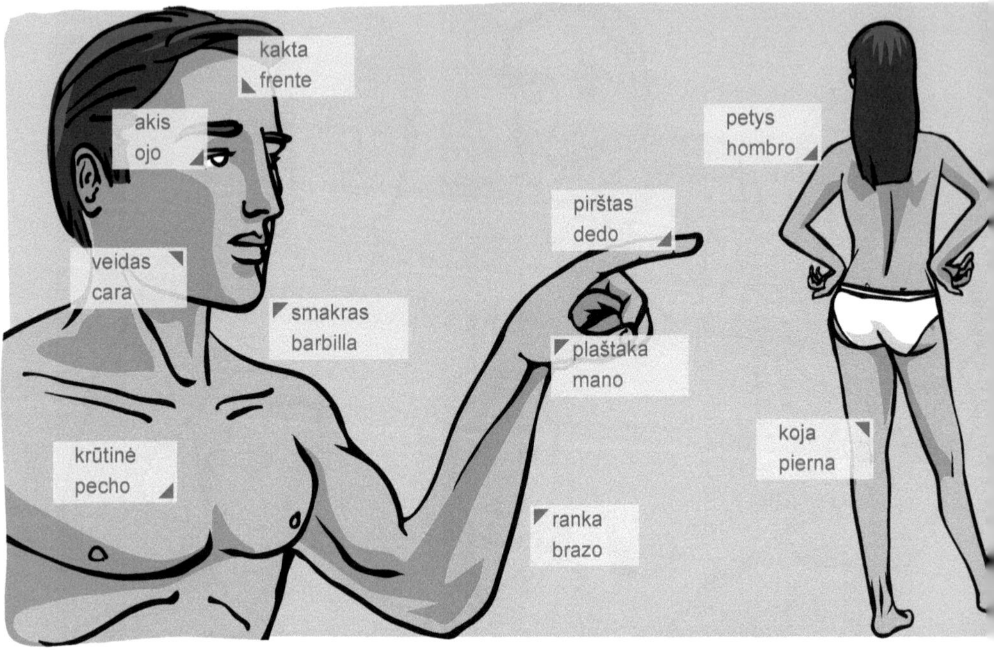

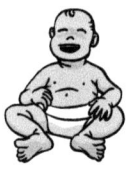

kūdikis

bebé

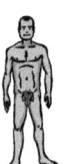

vyras

hombre

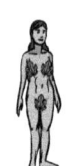

moteris

mujer

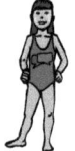

mergaitė

chica

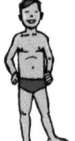

berniukas

chico

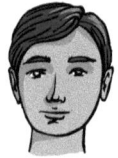

galva

cabeza

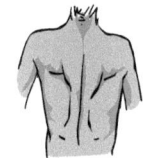

nugara

espalda

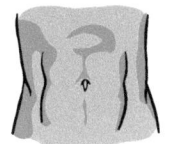

pilvas

vientre

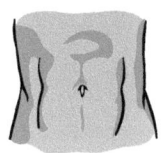

bamba

ombligo

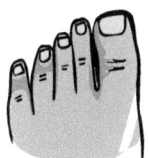

kojos pirštas

dedo del pie

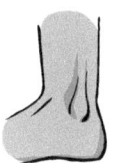

kulnas

talón

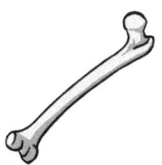

kaulas

hueso

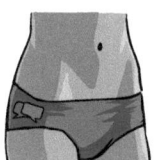

klubas

cadera

kelis

rodilla

alkūnė

codo

nosis

nariz

sėdmenys

trasero

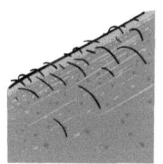

oda

piel

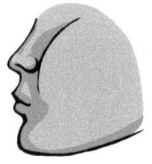

skruostas

mejilla

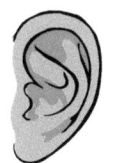

ausis

oído

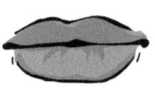

lūpa

labio

burna
boca

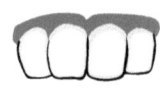

dantis
diente

liežuvis
lengua

smegenys
cerebro

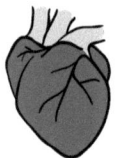

širdis
corazón

raumuo
músculo

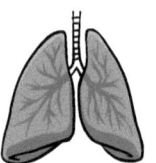

plaučiai
pulmón

kepenys
hígado

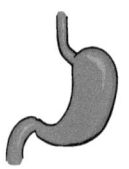

skrandis
estómago

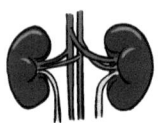

inkstai
riñones

seksas
sexo

prezervatyvas
condón

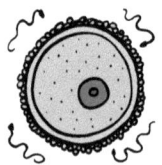

kiaušialąstė
ovario

sperma
semen

nėštumas
embarazo

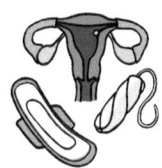

menstruacijos

menstruación

makštis

vagina

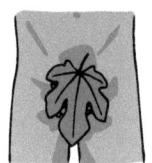

varpa

pene

antakis

ceja

plaukai

pelo

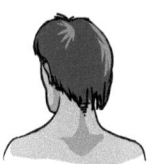

kaklas

cuello

ligoninė
hospital

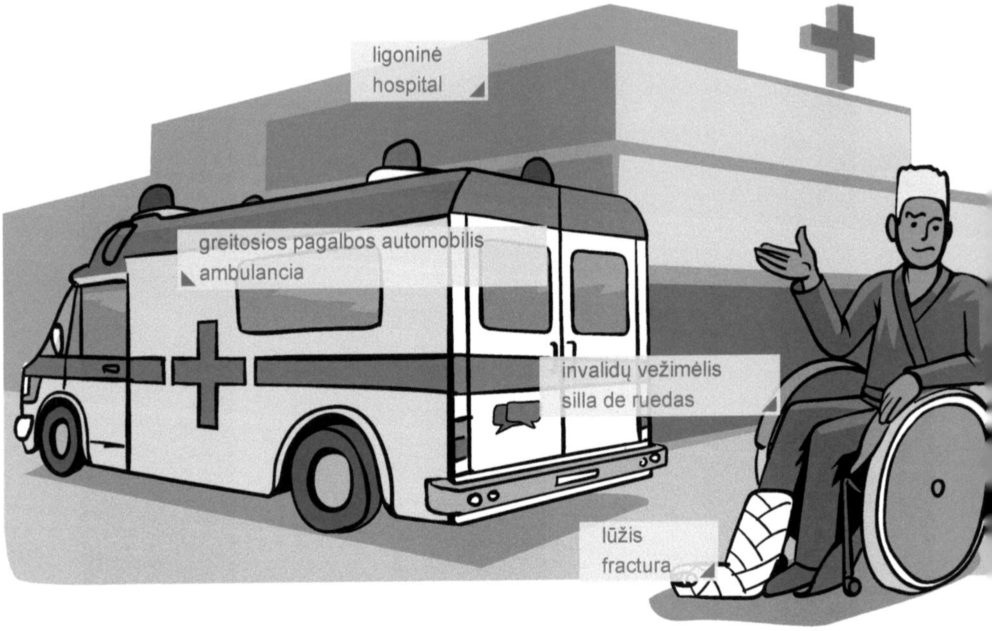

ligoninė
hospital
greitosios pagalbos automobilis
ambulancia
invalidų vežimėlis
silla de ruedas
lūžis
fractura

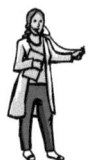

gydytojas

médico

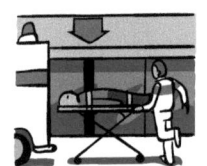

skubios pagalbos skyrius

sala de urgencias

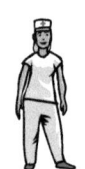

slaugytoja

enfermera

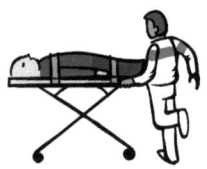

nelaimingas atsitikimas

urgencia

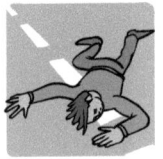

be sąmonės

inconsciente

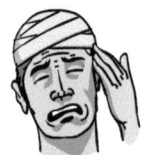

skausmas

dolor

sužalojimas

lesión

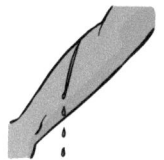

kraujavimas

hemorragia

širdies smūgis

infarto

insultas

ictus

alergija

alergia

kosulys

tos

karščiavimas

fiebre

gripas

gripe

viduriavimas

diarrea

galvos skausmas

dolor de cabeza

vėžys

cáncer

diabetas

diabetes

chirurgas

cirujano

skalpelis

bisturí

operacija

operación

KT
TAC

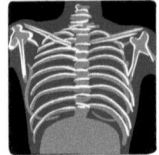

rentgenas
rayos x

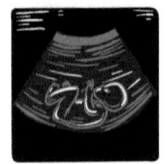

ultragarsas
ultrasonido

veido kaukė
mascarilla

liga
enfermedad

laukiamasis
sala de espera

ramentas
muleta

gipsas
tirita

tvarstis
venda

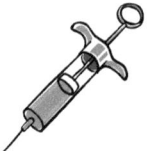

injekcija
inyección

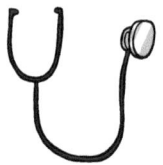

stetoskopas
estetoscopio

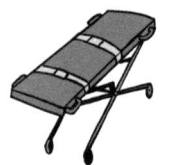

neštuvai
camilla

termometras
termómetro

gimimas
nacimiento

antsvoris
sobrepeso

klausos aparatas

audífono

dezinfekavimo priemonė

desinfectante

infekcija

infección

virusas

virus

ŽIV / AIDS

VIH / SIDA

vaistas

medicina

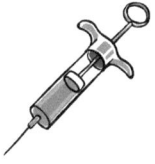

skiepijimas

vacunación

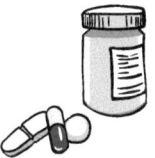

tabletės

tabletas

piliulė

pastilla

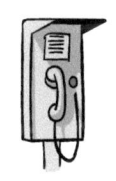

ubios pagalbos numeris

llamada de urgencia

kraujospūdžio matuoklis

tensiómetro

ligotas / sveikas

enfermo / sano

Padėkite!

¡Socorro!

pavojaus signalas

alarma

užpuolimas

asalto

ataka

ataque

pavojus

peligro

avarinis išėjimas

salida de emergencia

Gaisras!

¡Fuego!

gesintuvas

extintor de incendios

nelaimingas atsitikimas

accidente

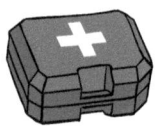

pirmosios pagalbos rinkinys

botiquín de primeros auxilios

SOS

SOS

policija

policía

Europa

Europa

Šiaurės Amerika

Norteamérica

Pietų Amerika

Sudamérica

Afrika

África

Azija

Asia

Australija

Australia

Atlanto vandenynas

Atlántico

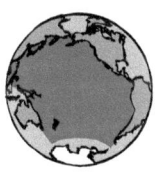

Ramusis vandenynas

Pacífico

Indijos vandenynas

Océano Índico

Pietų vandenynas

Océano Antártico

Arkties vandenynas

Océano Ártico

Šiaurės ašigalis

polo norte

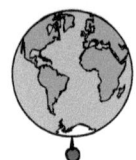

Pietų ašigalis

polo sur

Antarktida

Antártida

Žemė

tierra

sausuma

tierra

jūra

mar

sala

isla

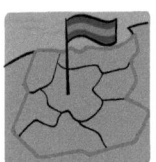

tauta

nación

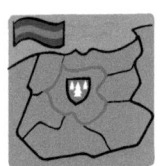

valstybė

estado

ciferblatas

esfera

valandinė rodyklė

manecilla de las horas

minutinė rodyklė

minutero

sekundinė rodyklė

segundero

Kiek valandų?

¿Qué hora es?

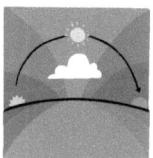

diena

día

laikas

tiempo

dabar

ahora

skaitmeninis laikrodis

reloj digital

minutė

minuto

valanda

hora

savaitė
semana

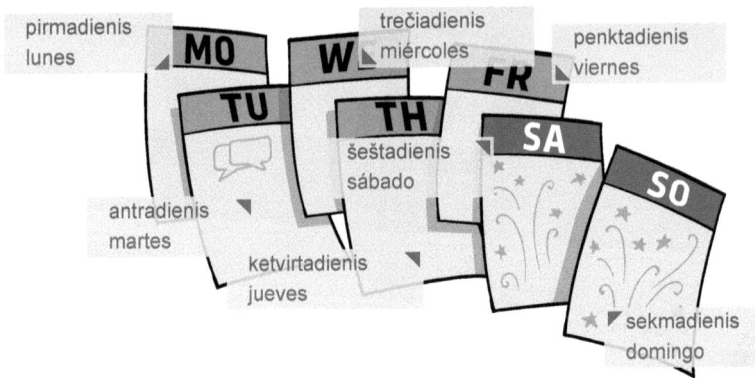

pirmadienis
lunes

trečiadienis
miércoles

penktadienis
viernes

antradienis
martes

šeštadienis
sábado

ketvirtadienis
jueves

sekmadienis
domingo

vakar
ayer

šiandien
hoy

rytoj
mañana

rytas
mañana

vidurdienis
mediodía

vakaras
tarde

MO	TU	WE	TH	FR	SA	SU
1	2	3	4	5	6	7
8	9	10	11	12	13	14
15	16	17	18	19	20	21
22	23	24	25	26	27	28
29	30	31	1	2	3	4

darbo dienos
días laborables

MO	TU	WE	TH	FR	SA	SU
1	2	3	4	5	6	7
8	9	10	11	12	13	14
15	16	17	18	19	20	21
22	23	24	25	26	27	28
29	30	31	1	2	3	4

savaitgalis
fin de semana

vaivorykštė
arcoíris

lietus
lluvia

sniegas
nieve

vėjas
viento

pavasaris
primavera

ruduo
otoño

vasara
verano

žiema
invierno

4.APRIL	11°	☀
5.APRIL	4°	☁
6.APRIL	13°	☁
7.APRIL	8°	☀
8.APRIL	10°	☀

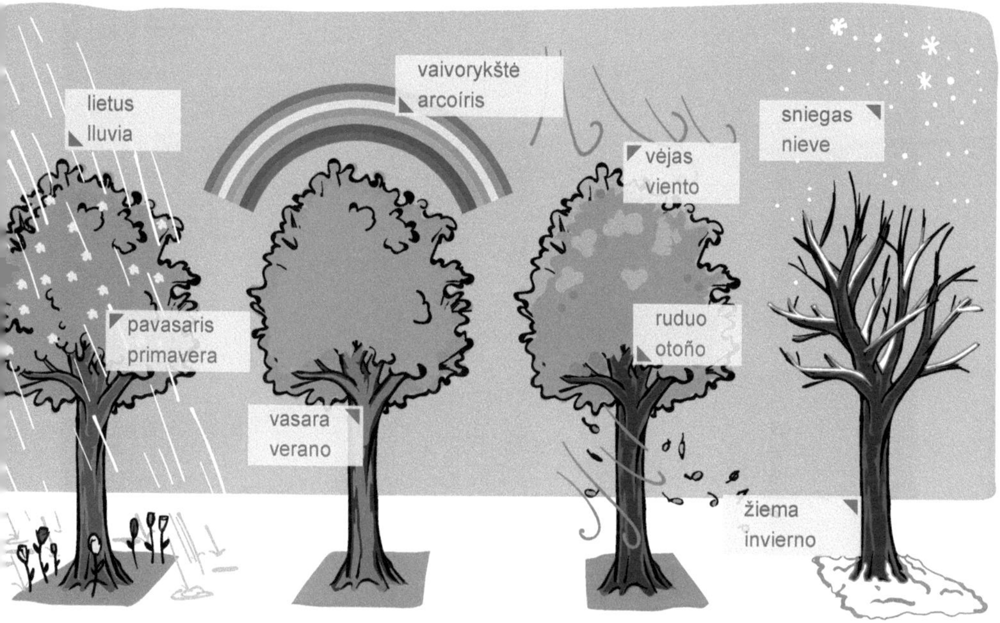

orų prognozė
....
pronóstico del tiempo

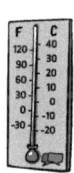

lauko termometras
....
termómetro

saulės šviesa
....
sol

debesis
....
nube

rūkas
....
niebla

drėgmė
....
humedad

žaibas

rayo

griaustinis

trueno

audra

tormenta

kruša

granizo

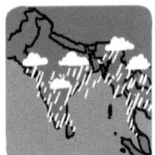

musonas

monzón

potvynis

inundación

ledas

hielo

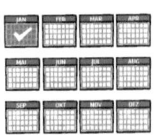

sausis

enero

vasaris

febrero

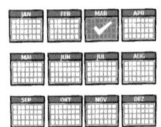

kovas

marzo

balandis

abril

gegužė

mayo

birželis

junio

liepa

julio

rugpjūtis

agosto

rugsėjis
....
septiembre

spalis
....
octubre

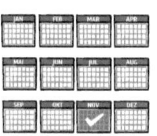

lapkritis
....
noviembre

gruodis
....
diciembre

formos
formas

apskritimas
....
círculo

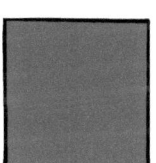

kvadratas
....
cuadrado

stačiakampis
....
rectángulo

trikampis
....
triángulo

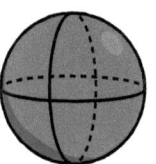

sfera
....
esfera

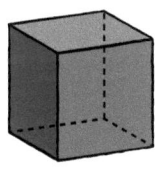

kubas
....
cubo

balta

blanco

geltona

amarillo

oranžinė

anaranjado

rožinė

rosa

raudona

rojo

violetinė

morado

mėlyna

azul

žalia

verde

ruda

marrón

pilka

gris

juoda

negro

daug / mažai

mucho / poco

piktas / ramus

enojado / tranquilo

gražus / bjaurus

bonito / feo

pradžia / pabaiga

principio / fin

didelis / mažas

grande / pequeño

šviesus / tamsus

claro / oscuro

brolis / sesuo

hermano / hermana

švarus / purvinas

limpio / sucio

užbaigtas / neužbaigtas

completo / incompleto

diena / naktis

día / noche

miręs / gyvas

muerto / vivo

platus / siauras

ancho / estrecho

valgomas / nevalgomas

comestible / no comestible

piktas / malonus

malo / amable

linksmas / nuobodus

entusiasmado / aburrido

storas / plonas

gordo / delgado

pirmiausia / paskiausia

primero / último

draugas / priešas

amigo / enemigo

pilnas / tuščias

lleno / vacío

kietas / minkštas

duro / blando

sunkus / lengvas

pesado / ligero

alkis / troškulys

hambre / sed

ligotas / sveikas

enfermo / sano

nelegalus / legalus

ilegal / legal

protingas / kvailas

inteligente / tonto

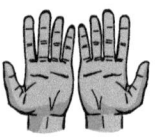

kairė / dešinė

izquierda / derecha

arti / toli

cerca / lejos

naujas / naudotas
nuevo / usado

niekas / kažkas
nada / algo

senas / jaunas
viejo / joven

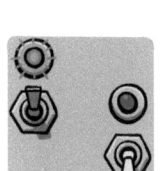

įjungta / išjungta
encendido / apagado

atidaryta / uždaryta
abierto / cerrado

tylus / garsus
silencioso / ruidoso

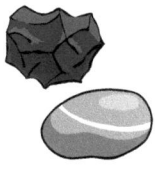

turtingas / vargšas
rico / pobre

teisus / neteisus
correcto / incorrecto

šiurkštus / švelnus
áspero / suave

liūdnas / laimingas
triste / contento

trumpas / ilgas
corto / largo

lėtas / greitas
lento / rápido

drėgnas / sausas
húmedo / seco

šiltas / šaltas
cálido / frío

karas / taika
guerra / paz

0

nulis

cero

1

vienas

uno

2

du

dos

3

trys

tres

4

keturi

cuatro

5

penki

cinco

6

šeši

seis

7

septyni

siete

8

aštuoni

ocho

9

devyni

nueve

10

dešimt

diez

11

vienuolika

once

12

dvylika

doce

13

trylika

trece

14

keturiolika

catorce

15

penkiolika

quince

16

šešiolika

dieciséis

17

septyniolika

diecisiete

18

aštuoniolika

dieciocho

19

devyniolika

diecinueve

20

dvidešimt

veinte

100

šimtas

cien

1.000

tūkstantis

mil

1.000.000

milijonas

millón

anglų
inglés

amerikiečių anglų
inglés americano

kinų (mandarinų)
chino mandarín

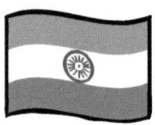

hindi
hindi

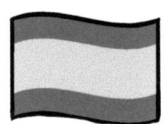

ispanų
español

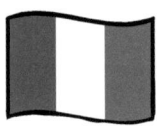

prancūzų
francés

arabų
árabe

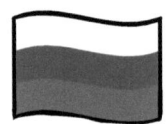

rusų
ruso

portugalų
portugués

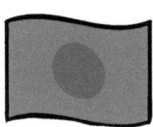

bengalų
bengalí

vokiečių
alemán

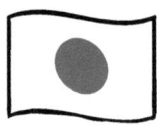

japonų
japonés

aš

yo

tu

tú

jis / ji

él / ella / ello

mes

nosotros/as

jūs

vosotros/as

jie

ellos/as

kas?

¿quién?

ką?

¿qué?

kaip?

¿cómo?

kur?

¿dónde?

kada?

¿cuándo?

vardas

nombre

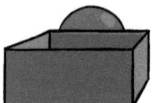

už
detrás

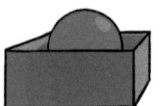

kur (vieta)
en

priešais
delante de

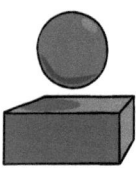

virš
por encima de

ant
sobre

po
debajo de

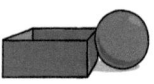

prie
junto a

tarp
entre

vieta
lugar